Petite Souris et le grand voyage

Jacinthe Lavoie

« Conter fleurette »

Les éditions Planète rebelle remercient le Conseil des Arts du Canada de l'aide accordée à leur programme de publication, ainsi que la Société de développement des entreprises culturelles du Québec (SODEC) et le « Gouvernement du Québec – Programme de crédit d'impôt pour l'édition de livres – Gestion SODEC ». La maison d'édition remercie également le ministère du Patrimoine canadien du soutien financier octroyé dans le cadre de son programme « Fonds du livre du Canada ».

L'auteure remercie le Conseil des Arts du Canada de son soutien à la réalisation du disque.

Révision : Janou Gagnon / Design graphique : Marie-Eve Nadeau / Correction d'épreuves : Renée Dumas

Imprimé au Canada

Dépôt légal : 3e trimestre 2012
Bibliothèque et Archives nationales du Québec
Bibliothèque et Archives Canada

ISBN : 978-2-923735-35-1

www.planeterebelle.com

Aux grands-parents qui aiment partager
leur savoir et le transmettre aux enfants
qui les entourent.

À ma grande fille Adèle-Anne et
à mon garçon Noé, merci !

C'est l'automne !

Près du moulin, le vent souffle déjà sur les dernières feuilles du pommier.

– Oh! grand-papi, regarde là-haut : des d'oiseaux!

– Ce sont des outardes, Petite Souris, elles partent pour leur grand voyage!

Petite Souris se demande
où vont les outardes
et pourquoi elles sont
si pressées de partir.

— Elles s'envolent vers le sud, Petite Souris, où elles resteront pendant tout l'hiver !

— Mais, grand-papi, il n'y a même pas de neige, ce n'est pas encore l'hiver...

Petite Souris a raison; pourtant, l'hiver ne tardera pas à arriver.

— Allez, nous avons beaucoup à faire aujourd'hui, Petite Souris. Tout le monde doit se préparer.

– Tout le monde ! Cela veut dire que,
moi aussi, je dois me préparer pour l'hiver ?
Mais comment ?

En espérant trouver une réponse à sa question, Petite Souris va rejoindre sa grand-maman dans le jardin.

Sur le chemin, elle fait la rencontre d'un tamia rayé.

— Excusez-moi, excusez-moi, je dois passer, le temps file!

— Mais, monsieur le tamia, pourquoi courez-vous si vite?

— Bien, je me prépare pour l'arrivée des temps froids! J'ai une famille à nourrir, moi! Allons, vite, vite, vite, je dois continuer à ramasser des provisions, car l'hiver est à nos portes.

Petite Souris ne le sait pas encore, mais le tamia rayé ne pointera de nouveau son nez qu'au moment où le printemps sera revenu.

Arrivée au jardin, Petite Souris s'assoit tout près de sa mamie.

— Que fais-tu, mamie Souris ?

— Je m'apprête à recouvrir mes rosiers, tu viens m'aider ?

— Oui, mais pourquoi recouvres-tu tes rosiers ?

— Pour les protéger, Petite Souris ! Grâce à nous, ce petit arbuste passera l'hiver bien au chaud. Il refleurira le printemps venu, telle est faite la nature. Va, Petite Souris, va mettre ton manteau, toi aussi tu dois te tenir au chaud.

« Cela est donc vrai!
se dit Petite Souris.
La neige tombera
bientôt du ciel. »

Après avoir mis son manteau,
Petite Souris aperçoit son grand-papa
devant une montagne de bois.

— Viens, Petite Souris! Et mets des
gants, on va corder du bois.

À corder du bois...
Viens aider grand-papi à corder du bois!
C'est la belle vie!

Je sens déjà la brise qui te donne une bise.
On va se réchauffer.

À corder du bois...
Viens aider grand-papi à corder du bois!
C'est la belle vie!

Les pommes...
À ramasser, les feuilles à râteler,
On recouvre les rosiers.

À corder du bois...
Viens aider grand-papi à corder du bois
Près des champs fleuris.

— Et hop ! merci, Petite Souris, on a fini ! On a ramassé et cordé assez de bois pour tout l'hiver ! Tu peux aller jouer, maintenant. Je vais aller dormir un peu.

Petite Souris prend son cerf-volant et part courir dans le champ. Avec de la chance, peut-être arrivera-t-elle à trouver réponse à sa question : comment doit-elle se préparer pour l'hiver ?

Au bout de sa corde, le cerf-volant se met à jouer avec le ciel, lorsqu'une bourrasque de vent l'entraîne d'un coup plus loin. Petite Souris aperçoit, tout en bas, la maison de ses grands-parents.

D'où là, le vent.
L'autre rive,
La montagne,
l'autre bord de la rive…
D'où là, le vent.

Soudain, la corde de son cerf-volant se prend dans les pattes d'une outarde.

— Hé! Attention, Petite Souris, tu vas briser notre cadence! Nous n'arrêtons que rarement!

— Pourquoi volez-vous si vite et pourquoi criez-vous toutes en même temps?

— Ah! ça, Petite Souris, c'est notre chanson, notre cri d'équipe, que l'on chante pour nous donner force et courage dans notre dur et long voyage.

Courage,
Les jours sont courts.
Courage,
Pour le grand voyage.
Battre de l'aile malgré la pluie.
Il fait froid au-dessus des nuages.
Courage.

Courage,
Avant le retour.
Courage,
Viens toucher le ciel.
Battre de l'aile avec confiance,
Vois les verts des jolis paysages.

Courage, confiance,
Nous reviendrons à la maison.
Courage, confiance,
De retour pour la belle saison.

— Allez, Petite Souris,
retourne avec ta famille,
on se revoit au printemps !

Revenue dans le champ, Petite Souris roule la ficelle de son cerf-volant car, tout près de la maison, mamie Souris l'attend.

— Tu viens, Petite Souris, le repas est servi!

— J'arrive, mamie!!!

Autour de la table,
la famille est réunie :
on peut y voir
Petite Souris, papa,
maman, papi, mamie
Souris et, bien sûr,
Petite-Petite Souris
qui a déjà bien grandi !

Tous ensemble, ils
dégustent la bonne
tarte aux pommes
qu'ils ont cueillies
cet automne.

Petite Souris réalise qu'elle aussi, toute la journée, s'était préparée pour l'hiver.

Tout comme ses nouvelles amies, les outardes!

Achevé d'imprimer en juillet 2012
sur les presses de TC Transcontinental

Imprimé au Canada • Printed in Canada